JAVIER PÉREZ BAZO

XXVI PREMIO DE POESÍA "ELADIO CABAÑERO"

Convocado por el Ayuntamiento de Tomelloso

Después de los relojes

De la edición	© Editorial Cuarto Centenario
De los textos	© Javier Pérez Bazo
De la ilustración de cubierta	© "Pareja de la mano", escultura de Pal Kepeynes
De las ilustraciones	© Lumi Dehesa Orozco, viuda de Pal Kepeynes

Edición	Editorial Cuarto Centenario
Diseño y Maquetación	IMP Comunicación

IBIC	DCF
ISBN	978-84-128502-7-7
Depósito legal	TO 212-2024

Editorial Cuarto Centenario	C/ Laurel Real, 6 (Valparaíso) 45080 - Toledo
	www.cuartocentenario.es

El Jurado presidido por **Eloísa Perales López** y compuesto por **Mª Paloma Santisteban Larrosa, Luis Alberto de Cuenca Prado, Antonio Illán Illán, Jesús Urceloy**, con **Mª del Carmen Carrasco Jiménez** como secretaria, concedió por mayoría a **"Después de los relojes"** de **Javier Pérez Bazo,** el *XXVI Premio de Poesía Eladio Cabañero,* convocado por el Ayuntamiento de Tomelloso.

Este libro ha sido patrocinado por el Ayuntamiento de Tomelloso

TOMELLOSO
AYUNTAMIENTO

A mis lectores, a mis poetas.

Sin cita previa

¿Y tú me lo preguntas?
«Rima XXI», G. A. Bécquer

Hacía tiempo que no hablabas conmigo.
Estaba esperando en una esquina
de la noche y me invitaste a subir
despacio a la más alta buhardilla
del corazón.
                    Después me acostumbré
a entrar sin cita previa en tu alcoba,
a oírme en lo que escribes.
                              Convengamos
que lo importante antes de que oscurezca
es mirarse hacia adentro, hablarse a solas,
pedir la vez en la memoria y luego contarlo.
Sabes mi propensión a la medida exacta,
a rendirme ante el pulso seducida
por tu palabra que haces mía. Pero
nunca, créeme, pude presentir
que, a estas alturas, haya resuelto envejecer contigo.

DESVELOS DE ALTISIDORA

«Suelen las fuerzas de amor sacar
de quicio a las almas»,
le dijo don Quijote a Altisidora.

Que no haya más revuelo de palabras,
ábreme sin premuras, como se abre
un libro intonso de versos inéditos;
rómpeme, como rompen en la piedra
las olas antes de volverse espuma;
préndeme, como prenden las pasiones
en la inmortalidad.

Enheduanna, la alta sacerdotisa de la Luna

De los poemas que compuso, sólo
queda un puñado de hermosos versos
que tuvieron utilidad balsámica.
Desde hace tiempo escribe en la arcilla
todo cuanto le inspiran los espejos.
La alta sacerdotisa de la Luna
en su pequeña historia va anotando
la exacta predicción en los relojes,
las arrugas del miedo a olvidar
algún verso galante y su razón,
su hechizo similar al de los sueños
interminables en los que se encauza la vida.

Inmortales

Enmudecidos los relojes, queda
la avidez de coleccionar recuerdos
donde se guardan las leyendas
y la ceniza: el alear de la memoria.
Deja esto escrito en el poema,
con alma bien medida. Que conozcan
cómo se anula el mundo ahí fuera
cuando, ebrios de bocas, nos sentimos inmortales
y se me ponen unos ojos de hembra
abierta en carne viva.

Cosa de dos

*Puedes estar seguro. Nunca amanecerá
el día en el que deje de quererte.*

Hace falta salir bien de mañana
a llenar de alborozo los pulmones
y sentirse de casi todo dueña.
Conviene que a esta hora de los años
retoñe el júbilo a la medida de los dos,
volver a la memoria y a su herencia,
recorrerla, orearla, hacerla propia,
íntima y franca, como los secretos
de la primera juventud cuando
el tiempo era un afán de dos,
creado a la medida de los dos,
celebrando el bramar de los amores.

Cuerpo mío

Hablemos, cuerpo mío,
ahora, cuando nadie puede oírnos.
Acuérdate de cuántos desearon
hacerte ilimitadamente suyo
con las palabras bellas y los perfumes,
con tierra prometida y deslumbrados
ojos que imaginaban atrevidas leyendas.
No olvides, cuerpo mío, nunca olvides.

Estoy desnuda en lo alto del otoño
y observo cómo aún te atrincheras
tan rebelde detrás de una fingida
adolescencia. Sabes que el amor
pasa factura si no se consume
como la luz intrépida, sin moderación.
No olvides, cuerpo mío, nunca olvides.

Porque entregarse a veces es renuncia

al oficio de la razón, ser preciada dádiva

más allá de la estría en los relojes

y la oxidada primavera. Sigue así,

tentado, sazonado cuerpo mío,

sin otra brújula que la de amante

solícito, el mismo que reclama

la propiedad de la inmortal belleza.

Conviene demorarse siempre en quien lo merece.

No olvides, cuerpo mío, nunca olvides.

De ti me había hablado incluso el mar

De ti me había hablado incluso el mar.
Recordarás que un día te mudaste
al corazón que comparto contigo,
donde hago de tu vida mi costumbre
entre el delirio y la razón.
Y todo continúa como entonces.
Y pasan lentas las edades. Y todavía,
convertido en el hombre de mis sueños
o en carne de mi carne imaginado
me sigues desvistiendo en tus poemas.

Como Helena de Troya

Que hasta casa se allegue
el prodigio sencillo del deseo.
Que irrumpa igual que cuando iba al amor
por vez primera, en falda corta, trémulo,
y en feliz devaneo convertido.
Que se haga y crezca, que violente puertas
como un ladrón de alcobas y su alijo
sean mi enagua izada, la conquista,
la rendición total del corazón.
Que me vuelva inmortal, raptada y seducida.
Y que arda Troya y nos quememos dentro.

Carpe diem, dijo Horacio

Antes de que la edad dorada salde
las rosas, el clavel y la azucena,
celebremos sus últimos suspiros.
Que bienvenidas sean la zozobra
del pulso, la costumbre de lo inaudito,
la fábula lasciva; bienvenido
sea el mayor de todos los milagros
que pueda recrearse con los ojos
abiertos; bienvenida la avidez
carnal, que a perpetuidad condene
por gozos del infierno al corazón.
Antes de que al invierno le salgan las arrugas
y de que ya no suenen los relojes.

Porque contigo gusta ir de sueños

Porque contigo gusta ir de sueños,
entregarse solícita al himno de los dioses,
sílaba a sílaba, vientre contra vientre.
Porque contigo gusta volver a aquellos días
tenazmente descritos sin palabras
frente al espejo, gusta
inclinarse devota a la memoria,
robarle la razón a los relojes
y profanar los límites.
de la razón después de tanta ausencia.
Porque me gusta hacerme abrazo,
seguir siendo la dueña de todo lo que quise,
del hombre a quien amé más allá del sacrilegio.

El tiempo del adamor

Para esto vine al mundo, y a esperarte:
por este amor tan hondo que te tengo.

Luis Cernuda

Cuando duermo a tu espalda acoplada

y al entrañable nudo de los dos,

parece innecesario, irrelevante,

andar pidiendo cuentas

al tiempo de la alondra, al imán del destino.

Para esperarte sé que vine al mundo:

por este amor tan hondo que te tengo.

Aquí se oyen, aún interminables,

el viento de los árboles y el canto de la lumbre:

por esta edad que juntos atizamos.

Balada de la distancia

I

Tienen vuelo temprano sus mensajes,
no de engaño o artificio, sino de luz
traída en volandas, celebrada.
Sabe de ansia y poco más. Conoce
el nombre convenido y los alientos
de quien espera, aunque sólo exista
como un secreto en las fotografías,
desnuda y fugitiva en los poemas.

II

Jamás imaginé que aquel diálogo,
que fue creciendo mudo en la pantalla
con prisas y la ortografía coja
permitiera guardar cierta esperanza
de idilios rubricados con seudónimos
y un corazón pintado de escarlata.
Era el tiempo de los relojes rotos,
cuando hubo sueños de ansias inflamado
y desaparecía el mundo,
cuando el amor del cisne negro y Leda
cambiaba de postura
a merced de una luz de amanecida.

Mientras delicadamente atardece

Esta mujer que habito se acostumbra
al presagio de otoños en las nubes.
Se encuentra en el paisaje de su vida
sujeta a la nostalgia, a su vértigo
en unos años donde sobra todo
y se condena a seguir creyendo
que aún acecha el amor al alba.
Esta mujer se está acostumbrando
al desafío de existir contigo
mientras delicadamente atardece.
Si miento acaso,
que me mire a los ojos tu recuerdo.

Acasos

Si acaso no supiera lo difícil
que es pedirle cuentas al tiempo,
si acaso nunca hubieran sido
las palabras testigos de las horas
cuando nos aprendimos de memoria,
las miradas y el canto de adamar,
si acaso no siguiéramos la suerte
que nos engarza al polvo del camino,
si acaso no existieran los acasos,
no te desnudaría el corazón
ni dormiría más noches contigo.

La celda de Sor Juana Inés

Soneto indómito asonantado

Querer con Lysi como nos quisimos
cuando la edad llegaba a tiempo
de salvarse, fue el único delito
cometido a la sombra del secreto.

No verla es mi condena. Y el tormento
mi preso corazón en carne viva,
al que le duele ausencias, que en silencio
se aflige, que mi bien jamás olvida.

Burlada escribo de la encintada
noche en que se hizo amor a mi tamaño,
noche inaugural y ajena al profético

padecimiento en que hoy se encuentra mi alma,
rendida frente a Lesbos y en su ocaso.
Firma sor Juana Inés, en Puebla, México.

Rienda suelta al corazón

Estos días de invierno, cuando llegan
con urgencias los miedos de los años,
aún podemos convenir
que estar contigo es el mejor refugio
que puede recrearse con los ojos
abiertos para dar rienda suelta al corazón
y se desboque.

«En este hueco triste latió una vida»

Aquí hubo sangre, aquí en este hueco triste latió una vida:
Aquí en esta húmeda soledad hubo voces, dulces voces llamando.

Vicente Aleixandre

Están echándote mucho de menos
las tardes de los miércoles
en este hueco triste
donde trenzábamos un telar íntimo,
un enjambre de sangres,
cuando los ojos fueron aprendiendo
de memoria a decirse tantas cosas.

Reconozco el latido
de esta obsesión por reavivar incendios,
por hacer lo infinito entre mis muslos,
que diría Vallejo,
por andar junto a ti sin los relojes.

Ha pasado el primer invierno
y aún no se acostumbra a tanta ausencia

la terca soledad, a tantas sombras
a estas ganas de que regreses
y sea todo repetido y digas que no hubo
razón de conservar las flores secas
y creer la leyenda negra de aquellos besos.

Aunque la noche es breve

Todo está todavía sucediendo.
Dime que no envejecen
la urgencia de la magia compartida,
ni el largo territorio de los muslos
recorridos sin prisas.
Dime que me retienes
después de la inocencia, después del arrebato,
donde la sed y el pulso y el pulmón
bravío, donde ocurre el mayor
de los pecados, donde se amorea
con los ojos abiertos, donde somos.

En la memoria espío los desnudos
de aquella juventud,
que ahora sale de la sombra y sube
confiada hasta el lecho y se observa
con vigor todavía. Aunque la noche es breve.

Sé que tus últimos poemas hablan de mí.

Erató desnuda

Si no reconociese que soy frágil
y que regresas siempre, entendería
que me niegues el pan y la saliva,
las miradas brillantes,
y que impongas la ley de los silencios.

Hasta comprendería, como sabes,
que te entretengas con mujer distinta
fingiendo libertinas madrugadas,
o me cuentes leyendas de unas diosas
con el carmín corrido por los besos,
fríos como la escarcha.

Para mí lo eres todo. No demores tu vuelta.
Ha de ser un alivio eternizarse contigo.

HERENCIAS DE LA MEMORIA

Entre la poesía y yo

Si te acuestas con otros y regresas
a casa con los labios todavía
doloridos tras noches de amoreos,
de qué me vale que haya días únicos
en los que yo te trate como diosa,
que te deje mi lado de la cama
o nos perdamos donde nos parezca
para tomar el pulso a cuanto late,
para medirle el paso a cada paso
por la ladera oscura de los números.
Ahora me pregunto, mientras duermes,
de qué me sirve ver en el espejo
achaques de la edad y tus reproches
por darme media vuelta hasta mañana.
Si estás aún más bella entre otros brazos,
me digo si merecerá la pena

llevarte a mis tabernas favoritas,

que conozcas mejor a mis amigos

y acabemos borrachos entre tus versos.

La violetera

Atravesamos tiempos muy difíciles,
reiteran los diarios y las redes,
vientos de pánico, de desafectos
y de salud a precio exagerado.

Por eso, cuando apareció se encendió la noche.
Era quien ofrecía a las parejas
el aroma a violeta en ramos frescos,
(alguna vez claveles reventones)
y un manojo de rimas aprendidas
de Bécquer, si compraban la ventura.

No debe haber ojal donde no luzca
el ramito de la felicidad,
seguro talismán de los placeres,
dijo con tono firme de sentencia.
Contó también que, al filo de la necesidad,

solamente el olor de la violeta convierte

cualquier atrevimiento, cualquier remordimiento,

en un leve susurro del amor

jamás arrepentido.

Nadie compró su oferta conjurada.

Y se fue pregonando primaveras.

Lilith

Era como el color de la caoba
el volandero vals entre su pelo,
como las hebras de azafrán en rama.
No llegó a ser maestra ni actriz,
pero decía que hizo varietés
en un teatro importante de París.
Coqueta, se olvidó que envejecía
entre humillaciones y desastres,
disimulando ruinas, con carmín
y el polvo del engaño en sus mejillas.
Era el dolor oculto entre penumbras
sirviendo la rutina tras la barra.
Rendida a la intemperie en camas mercenarias
quiso ser don de nadie, prefería
la soledad de los viejos relojes,
ninfas rotas a lobos esteparios.
Buscaba una salida o la guarida
a la muñeca indócil pelirroja

de fuego y porcelana, con quien amanecía,

que era feliz en brazos femeninos,

que cosía a su medida los amores.

Jamás supe su nombre lejos de la trinchera.

Sus ojos me miraron fijamente

con enormes ojeras que eran luto

y vaticinio de su muerte joven

un día impune por encargo.

Se apodaba Lilith,

como la diosa de la oscuridad

que enamoró a Adán antes que nadie.

Olvido

Era julio. Recuerda que en un hotel sin nombre
dejaste boca abajo, abierto en dos mitades
un libro dedicado por un célebre
poeta a un poeta amigo. Un libro
en alta voz escrito con sílabas urgentes,
con trozos de ciudades y barrios de ceniza.
Allí estaban la calidez de la memoria,
el alto precio que cobró el destino,
el temblor del semáforo y la avenida libérrima
repoblada por muslos e indiscretas miradas,
hasta el amor que llega en el otoño.

También es julio en el poema,
el mismo azar de quienes fueron jóvenes
novicios en un cuarto de hotel sin nombre.
Los muebles de formica ya están viejos
y la colcha de la cama sigue desvaída.
Huele a cerrado aún en el recuerdo.
Algún huésped debió llevarse aquel

libro con su dedicatoria, que me leíste
en este mismo cuarto, frente al puerto,
en la semana santa del ochenta y ocho.

De antaño

qué sacrilegio éste del cuerpo, éste
de no poder ser hostia y darse.

Claudio Rodríguez

¿Qué fue de aquellos jóvenes
nerviosos frente al mar,
de su pacto secreto
que descalzo llegaba hasta la alcoba?
Volverán a Calella, a acordarse
del sexo que jugaba al escondite
en una habitación de hotel con vistas
a los tiempos de la resignación
por no poder ser hostia y entregarse.

Allí, en otra edad y en otra alcoba
el pacto se hizo carne y habitó entre los dioses.

Primera noche

Hotel Catalonia, Calella

Hotel Catalonia, Calella
Dicen que los amantes vuelven siempre
al lugar del secreto a recontar
su botín a la lumbre de la luna.
A la puerta de aquel hotel volvimos
en noviembre. «Completo», escribieron
en un cartón amarillento y roto,
y en letra más pequeña, ya borrosa:
«Se reserva el derecho de admisión
a los vanos recuerdos y al olvido».
La habitación al fondo del pasillo
sigue con vistas a la misma playa
de aquella noche que encauzó la vida.

El jardín del magnolio

En el Museo Romántico

Aquí son imposibles las derrotas.
En el jardín del magnolio
todo mantiene un lustre de sorpresa,
ese aire guardián de las reliquias
de citas a escondidas.
Acaricia una mesa entre la yedra
de mármol viejo sobre el que oficiaba
en noches y palabras un poeta.
Guardianes de la fuente ya sin alma,
dos bancos secretean e imaginan
confidencias salaces, juramentos.
El lugar suena a paz y se conjura
con quien en él penetra y persigue
las imborrables marcas del amor
a la deriva y se siente capaz

de abrir los ojos, de multiplicar

los labios estrenados,

de romper brújulas y darse cuenta

de que debajo del magnolio aún huele a mar.

Relay d'Orly Ouest

Nunca estuvimos en París tan jóvenes,
pero me reconozco, mujer casi adolescente
que alzada en los tacones jugaba a ser amante.

Vedlos también tocar el fuego
confiando en el destino y la llamada.
Se exponen al amor, a la intemperie
en medio de la prisa y los aviones.
Casi ausentes, se muerden, se confunden,
se contemplan incrédulos, espléndidos
e irrepetibles, como un abrazo único,
como la espera, como la verdad,
como el arrullo al corazón ajeno.

Vedlos crecer con su feroz vendimia
y el prodigio del más temprano mosto,
con justa sobredosis de existencia:

la mejilla al abrigo sobre el hombro,
la joven avaricia, la oblación tatuada
de echarse al fuego sin dejar cenizas.
Hasta que todo acaba de repente
y buscan la puerta del embarque.
Se marchan sin saber que han escrito
un bello poema de amor viajero.

Karluv lo llaman

Cruzan el puente entre almas
de vírgenes y cristos conocidos,
de escenas veneradas en la infancia,
de santos mudos que al granito roban
un gesto diferente cada día:
Bernardo, Juan Nepomuceno, Bárbara,
Judas Tadeo, Segismundo, Antonio
de Padua, el Bautista...,
los héroes pálidos de la liturgia,
treinta cuerpos de espaldas al Moldova.
Viene el agua crecida.
Crúzalo y llégate hasta la ciudad,
hasta la sabia edad, hasta la magia
del otro lado donde ya no habrá
retorno ni arrepentimiento.
                                   Sigue
la estela que te indican las estatuas.

Entra hasta el corazón de Praga, ábrete
al entrañable tiempo de los viejos
esposos, a las estrenadas vidas
en las que cada objeto reverdece.

Herencia

Con odio o con amor, con olvido o memoria

Luis Cernuda

Se habló de ella al descender de Buda
con voz de confidencia: de su ruina
y celebradas albas con gintónic,
esencias de veneno en su carácter
y espléndidos desnudos en desorden.
Era la ilógica devastación
de la belleza a los cuarenta años.
Mientras tanto el Danubio fluía
con odio o con amor, con olvido o memoria.

Tuvo esta hija menor por rica herencia
algunas inversiones en sexo mercenario
y el temor de que un día inevitable
devolviesen su cuerpo las corrientes
del río preferido del suicida,

con un sucio color como el del barro.

Saben de buena tinta que quizás

se la llevó la vida por delante.

A media luz

Dueños de aquel amor sin nombre
parecían salir de entre las brasas.
Dejaban observar en la penumbra
su alijo más intrépido
bajo el embiste de olas y el querer.
Era todo eclosión interminable.

Otro amor habitaba el mismo invierno
al fondo de la oscuridad, vencidos
el sábado y la madrugada.
                Cómplices
se confiaron páginas y horas de leyendas,
sus estrenos, sus sombras, sus recintos.
E hilvanaron el trato de cruzar
a la otra orilla de la sombra
antes de que callase el segundero.
Y así quedó escrito en el poema.

Después, al regresar a casa hicieron
recuento de la noche y reinventaron
cada gesto de aquel amor anónimo,
ganando la batalla al horizonte.

Ante un retrato

Reconoces a aquel niño mirando de frente
con el jersey de pico y lana gris
en tiempos de posguerra:
la España de Frascuelo y sacristía.
Detrás, el viejo mapa provincial
de la Península preside el instante
cuando se asusta el gesto adusto de su entrecejo,
el mismo enojo tuyo todavía.

Era cuando jamás os hablaron de las tapias
del cementerio que encalaban cada dos años
para olvidar las manchas rebeldes de la sangre,
tampoco de que algunos se marcharon del pueblo
a Francia, o a donde fuere.

Trata de refugiarte en el retrato, que calme
los miedos a la herrumbre y a los últimos
vestigios de nostalgia que envejecen
los cuerpos. Entra y quédate

en sus adentros. Vuelve
al niño aquel que hacía colecciones
de historias que cambiaba en su cabeza
por los cromos de la imaginación
y comenzaba a escribirme versos.

Nadie os molestará,
ahora, cuando sientes que el invierno
ha vuelto tan de golpe y necesitas
de ti y acariciar la eternidad.

Después de medio siglo

A Gaby Bazo, in memoriam

Escribes el poema para aquella
mujer que, allá por el cincuenta y tantos,
esperaba en un cuarto de hospital
que tú llegases a sanar la muerte
de la hermana mayor, de la que hablaban
de vez en vez con voz muy dolorida.
Después vinieron las edades viejas
y sus ojos urdían el arrobo
para esparcirlo al modo que se esparce
el brillo del orgullo
porque creabas libros y eras alguien
importante en París. Después llegó el silencio.
Se consumió todo. Hasta su piel.

Tu madre aguarda ahora entre tinieblas
contándose a solas los secretos,
sentada al otro lado de una cama
que no es la suya y es igual a otras

donde se apagan los destellos últimos.
Entras y nada dice, mira ausente,
sonríe y disimula conocerte.
Rozas su palidez con la caricia,
el dorso de la mano resbalando
en la mejilla, un doloroso vuelo,
mientras preguntas algo sin esperar respuesta.
Al terminar la tarde, entre sus labios
te parece reconocer un nombre,
el mismo de tu hermana, después de medio siglo,
con quien sin duda te confunden sus ojos
tan perdidos entre el ayer borrado
y tan ciegos que atoran la garganta.

Apuntes

A César Vallejo en París

Eternidades

Anduve mil caminos
hasta encontrar la infancia.
Era un lugar en el que solamente
estábamos la eternidad y yo.

Camposanto

El invierno más frío está en la lápida.
Sobre ella alguien grabó los apellidos
que reconoces, que te pertenecen.
Desde hace más de toda una vida
al abrigo del muro blanco la hermana espera
empeñada en hacerse mayor sin conocerte.
Son caprichos de muertos familiares.
Sin discusión merecen respetarse.
Pondrán tu nombre un día junto al suyo.

En legítima defensa

Y el juez, otro: Usted, Usted. Y yo: Sí. No.
Falso. Sí. Soy yo. Ay, eso no puedo negarlo.

Rafael Ballesteros

Decía conocerme desde niño.
Sí, señor juez, como lo oye usted,
quería suplantarme, convertirse
en lo que soy ahora y a mi edad...,
como si fuera fácil la tarea
de esconder el cadáver de un difunto.
Siempre andaba buscándome las vueltas.
El día de autos dijo que guardaba
predilección por las flores secas
por los cantos rodados, como yo,
por los libros intonsos
y por darle zurcidos al corazón.
Fui yo... Ay, eso no puedo negarlo...
Seguro que venía decidido
a por mí.

Fue en legítima defensa.

Le asesiné como quien desviste un santo,
con la frente y la decisión bien altas,
sin dejar la más mínima señal.
Aunque callado, me miró con pena
larga, y volvió a mirarme compasivo,
como cuando piden perdón los muertos.
Fue, créame, de un golpe generoso,
de amigo, sin traición ni sufrimiento;
de un cauteloso amigo fraternal
con quien toda una vida se ha vivido.

El Rey del humo

Adenda a «Una aparición», de C. R.

*Estaba amaneciendo con un silencio frío,
con olor a resina y a vino bien posado.*

Claudio Rodríguez

Tendría unos cuarenta y ya era viejo
aquel amanecer de abril. Entró
vestido de domingo
hablándose a sí mismo en voz baja
con vino peleón de media tarde.
Se hizo en el bar de pronto un alboroto.

Nadie jamás su nombre supo, a nadie
le importaba su historia ni el jornal
que sisaba a sus mil secretos. Sólo
llamaban la atención sus dientes grises
al sonreír, y las enormes manos
de labriego, y su voz herida, ronca
por el tabaco.

        Vino hacia mí y dijo:
«Escucha, mira, dentro de este vaso

vive un sonido, oye como respira».
«¿De qué color?», preguntó el poeta
Claudio, que brindaba por Luis de Vargas
a mi lado, escribiendo en la memoria.
Su uña larga, de riguroso luto,
trazó sobre mi palma una figura,
acaso su palacio o su victoria,
escupió luego el humo del cigarro,
célere, altivo, y revolvió la magia:
«¿No oís quejarse al viento
sobre la nada?», nos increpó con adiós lapidario.
Y se fue en un suspiro a fecundar el día.

Hace años conocí al Rey del Humo.
Una aparición.
Estaba amaneciendo con un silencio frío,
con olor a resina y a vino bien posado.

Inventario

Por exigencias del guion se hurga en el recuerdo.
Y finalmente hacemos inventario
de cuantas puertas al salir de cada edad
dejamos mal candadas.
Vista para sentencia la historia de los años,
escuchamos voces premonitorias
como en los cuentos tristes, o felices
como en las emboscadas del amor.
Van llegando, lector, días de invierno
y es grata caridad la voz de cada poema
junto a la lumbre más que nunca cómplice.
Quedémonos a festejar la revelación
y del sueño su oráculo,
cumplida media vida y la otra media
pactada con insomnios y el diablo;
que haya decretos contra amnesias.
Que así suceda la tentación de la memoria
después de los relojes.

CONFIDENCIAS
AL CORRER DE LA PLUMA

Ha transcurrido un decenio desde la última entrega poética de Javier Pérez Bazo hasta ésta, con la que prolonga y confirma una distinguida producción lírica, que alcanza la media docena de volúmenes. No deduzca el lector, empero, que en este transcurso el poeta anduvo alejado del género y, mucho menos, huraño con los valores y turbaciones íntimas de su obra precedente, pues la actividad poética es, créase así, consustancial en él e imprescindible para que aspire el pulmón de la existencia. La verdad es que otros afanes, desde avisos y ensayos de crítica literaria a estudios de alto vuelo, además de otras prosas, ocuparon las labores y brega académica del autor; de modo que ha ido demorando las relaciones de su verso con la imprenta.

Si volvemos la vista hacia la producción anterior en verso de Pérez Bazo, se advierte que los años que ejerció la docencia universitaria y los más cercanos de su quehacer diplomático en París y Budapest fueron afinando su voz más personal. Desde su inaugural *Litúrgica labranza*, accésit del prestigioso premio Adonáis al alba de los ochenta, a los títulos *Didáctica menor (1986)* y *Desde el vértigo (Premio Antonio Machado, 2001). Posteriormente ha publicado en edición hispano-húngara Proceso al olvido / Ítélkezö út a feleedéshez (2012) y dos antologías, Reversos. Poemas escogidos (1973-2003) y Belsö beszéd / Desde adentro (Válogatott versek / Poemas escogidos) (2012). Es autor asimismo de la novela La Borbona (2015), plagiada con grosera desvergüenza por una embaucadora de tres al cuarto, que aguarda el veredicto de la justicia.*

Entre sus poemas inéditos se encontraba *Después de los relojes*, que hoy llega al lector galardonado con el premio "Eladio Cabañero". Pérez Bazo concurrió a dicha distinción empujado por el destino, porque en días de su juventud madrileña tuvo la fortuna de leer y conocer al poeta manchego, familiarizarse con su *La Estafeta Literaria*, de la que fue redactor jefe, tratarle, medir su mirada amiga, charlar sin prisas intramuros del café Gijón o del Oliver madrileños en compañía de Claudio Rodríguez, Paco Brines, Bousoño, alguna vez Ángel González…, varios de aquellos irrepetibles poetas de los cincuenta.

Hay un aire pulcro, resonancias de gran lirismo y madurada plenitud de canto en esta nueva colección de versos de Javier Pérez Bazo. Llega al público hermosamente ilustrada, maridada ya desde la cubierta, por varias piezas esculpidas en bronce, joyas breves en tamaño pero enormes por su belleza indómita, que debemos al escultor húngaro-mexicano Pal Kepenyes, sempiterno transterrado (Kondoros, Hungría, 1923 – Acapulco, 2021): "Pareja cogida de la mano", "Mujer y pez", "Amor", "Rostro (mundo roto)", "A media cara", "Pareja abrazada", "Desnudo", "Huevo cosido", "Quijote", "Prontuario de Pal"… El poeta y el escultor "de almas escondidas" se conocieron en Budapest en noviembre de 2011 y desde entonces ambos coincidían en que se le fue quedando chico el afecto para definir su fraternidad. Mucho debe a Kepenyes la ideación de este poemario. A él va dedicado muy especialmente su primera parte. El poeta se molestaría si aquí no recordase en su nombre las atentas lecturas y deudas contraídas con dos amigos familiares, ambos escritores de exquisita literatura, José Ramón Torregrosa y Moisés Pascual Pozas. Gratitud que extiende a los miembros del jurado que le distinguió con el premio "Eladio Cabañero" y asimismo quede expreso su no menor reconocimiento a los editores de este libro de versos, amantes de lo bien concebido y bello.

Bajo su logrado título de connotaciones metafóricas, *Después de los relojes* ofrece la emoción recogida de esencia lírica, que Pérez Bazo, dueño de su técnica y de dones reservados a la sensibilidad, presenta acorde con modulaciones métricas y retóricas bien sujetas a la heredada tradición clásica, siempre moderna. Sobre esta sustancia formal se sustenta la cuidadosa concepción del poemario. Lo habrá comprobado por sí mismo el lector atento.

Los amantes del verso sin magulladuras habrán encontrado sin duda en este haz de versos una variada noción del tiempo en su suceder como tránsito, permanencia, memoria e incluso como dimensión de eternidades. Un tiempo, real o metafórico, y de cuanto lo circunda. La primera de sus dos secciones simétricas, "Desvelos de Altisidora" —título en deliberada evocación cervantina—, la voz poética femenina, incluida la de la propia poesía personificada, reconstruye un apasionado monólogo dirigido al poeta mismo. En la segunda, "Herencias de la memoria", el tiempo de la rememoración recobra especial protagonismo: otra muy distinta voz hace suyas las confesiones íntimas de personajes entrañables, además de escenas cotidianas y espacios anclados en el decurso de la vida acaecida. Poesía del *intelletto d'amore* y del conocimiento.

Entre los malogros, vacilaciones y demasiadas afonías de la poesía joven en estos últimos tiempos, lícitamente ambiciosa, de comprensible inquietud y ecos de actualidad, es grato el reencuentro con la conciencia lírica y la serenidad elegante de un poeta como Pérez Bazo, curtido en celebrar hallazgos, en la sorpresa de la imagen y la afortunada metáfora, en hacer suyo el instante preciso o la costumbre o un recuerdo con su propia alma y respiración... Por todo ello y este venturoso azar, disfrutemos la palabra del poeta, inventada verdaderamente.

Diana Pebarezzo

Índice de poemas

Este libro se cierra para la impresión en agosto de 2024.
Esta edición ha estado al cuidado de **Editorial Cuarto Centenario,**
y se ha utilizado la familia tipográfica Neutra.